Nunca más aburridos
dentro de casa

1ª edición: mayo de 2014

© De los juegos: Àngels Navarro, 2014
Propuesta de diseño: Marta Dansa

© De esta edición: Grupo Anaya, S.A., 2014
Juan Ignacio Luca de Tena, 15. 28027 Madrid
www.anayainfantilyjuvenil.com
e-mail: anayainfantilyjuvenil@anaya.es

ISBN: 978-84-678-6129-7
Depósito legal: M-6484-2014
Impreso en España-Printed in Spain

Las normas ortográficas seguidas son las
establecidas por la Real Academia Española
en la nueva *Ortografía de la lengua española*,
publicada en 2010.

Nunca más aburridos dentro de casa

ÀNGELS NAVARRO

ANAYA

Juegos de CREACIÓN

Juegos SORPRENDENTES

Juegos de INGENIO

Juegos alrededor DE UNA MESA

Cómo utilizar
ESTE LIBRO

Nunca más aburridos no es un libro de lectura; es un libro participativo donde el protagonista eres tú.
Un libro lleno de ideas fantásticas que te ayudará a pasar, de forma creativa y divertida, tus vacaciones, los fines de semana o los días de lluvia.

El libro consta de 40 juegos para realizar dentro de casa, agrupados en cuatro capítulos:

 Juegos de
CREACIÓN

 Juegos de
INGENIO

 Juegos
SORPRENDENTES

 Juegos alrededor
DE UNA MESA

Todos los juegos están acompañados de un código a base de pictogramas que, situados a la derecha de las páginas, indican la edad recomendada de cada juego, el tiempo estimado de duración, el número de participantes, si es necesario lápiz y papel y si es precisa la ayuda de un mayor para realizar el juego. Aquí los tienes:

Las siguientes instrucciones

te ayudarán a utilizar el libro de forma más adecuada:

- Lee atentamente el enunciado y los pasos que tienes que seguir en cada una de las actividades. No te precipites y asegúrate que has entendido lo que debes hacer.

- Prepara, antes de empezar, el material necesario para cada juego. En el apartado «¿Qué se necesitas?» encontrarás la lista completa. Todos los materiales que deberás utilizar son bastante comunes o bien se explica dónde encontrarlos.

- Puedes abrir el libro por cualquier página y empezar por la actividad que más te apetezca; no hace falta seguir ningún orden.

- No dudes en pedir ayuda a los mayores siempre que lo necesites.

- Todos los juegos que requieren una solución la tienen en la propia página.

- Si has pasado un buen rato piensa en el título de este libro:
  ¡NUNCA MÁS ABURRIDOS!

Juegos de
CREACIÓN

Palo
de lluvia

Fabricar un palo de lluvia es muy sencillo, y su sonido es precioso y relajante. Proviene de América del Sur y se llama así porque al moverlo emite un sonido parecido al ruido de la lluvia al caer.

¿Qué necesitas?

- Tubo de papel de cocina
- Cartulina
- Papel blanco
- Pegamento
- Tijera
- Arroz, pasta, legumbres...

1 Dibuja dos círculos en la cartulina que tengan el diámetro del tubo. Luego, añádele un margen de 1 cm y realiza varios cortes en el contorno.

2 Pega uno de los círculos en un extremo del tubo con las solapas hacia dentro.

3 Dobla un trozo de unos 20 cm de papel de aluminio, dale forma de espiral y colócalo dentro del tubo. Debe quedar lo suficientemente suelto para que los elementos se deslicen alrededor.

4 Introduce en el tubo arroz, pasta, legumbres… o lo que tengas, por el tamaño de una taza de café.

5 Tapa el otro extremo del tubo, pero antes de pegarlo prueba el sonido que hace tu palo de lluvia. Una vez que te guste, pega la cartulina en el otro extremo.

6 Aplica una capa de pegamento por la superficie del tubo y pega el papel blanco.

7 Solo te queda decorarlo. Puedes usar pinturas o papeles de colores. ¡Deja volar tu imaginación!

Fauna marina

Selecciona platos de distintas formas y colores y recórtalos con formas de fauna marina, como el pulpo, la medusa o el caballito de mar. Fíjate en el dibujo.
Con los trozos que te sobren, haz las colas, aletas y otros adornos.
Pégalos bien a las figuras.
Por último, dibuja las bocas y los ojos con rotulador.

¿Qué necesitas?

- Platos de papel de distintos colores y medidas
- Tijeras
- Punzón
- Cordel
- Pegamento
- Rotuladores

Si quieres colgarlos, haz un agujero con un punzón en el extremo superior de los platos y átale un trozo de cordel.

Puzle fotográfico

Busca fotos de tu familia y mascotas. Con ayuda de tijeras, pegamento y barritas de madera de colores, podrás hacer un puzle para jugar.

¿Qué necesitas?

- Tijeras o cúter
- Pegamento
- Fotos de tu familia
- Palos de madera de colores para manualidades

1 Coge una de las fotos y aplícale pegamento por detrás.

2 Pega doce barritas de madera (o las que quepan) a la superficie con pegamento dejando un espacio pequeñísimo entre ellas. Espera a que seque.

3 Pide ayuda a un adulto y corta, con el cúter o las tijeras, las fotos a tiras. Fíjate en el dibujo.

4 A continuación redondea la foto y recorta la parte que sobresale de la barrita.

5 Haz lo mismo con todas las fotos, Utiliza maderas de colores distintos. Mézclalas todas y tendrás un divertido puzle fotográfico para jugar juntos.

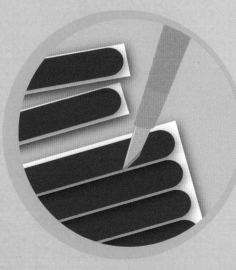

Pez koinobori

Los niños de Japón esperan, cada 5 de mayo, el Día de los Niños (el kodomono-hi). Ese día las familias cuelgan una gran caña de bambú, cintas de colores y unas cometas con forma de carpa (o koinobori) para que los niños de la casa crezcan fuertes y sanos.

¿Quieres construir tu koinobori?

¿Qué necesitas?

- Tijeras
- Cordel
- Punzón
- Un palo
- Pegamento
- Tubo de papel higiénico
- Papel de seda de colores
- Cartulina blanca y negra

1 Recorta semicírculos de papel de seda de colores y pégalos en un tubo de papel higiénico hasta cubrirlo totalmente.

2 Cuando esté todo forrado, corta tiras de papel de seda de unos 20 cm y pégalas en la parte interior del cilindro como si fuera la cola del pez.

3 Con el punzón haz dos agujeros en lo que sería la barbilla del pez y pasa un cordel que atarás al palo. Pide ayuda a un adulto.

4 Recorta dos círculos de cartulina blanca y otros dos negros para hacer los ojos. Pégalos. Cuando haga viento lo verás volar.

Flip book

Un flip book es un libro que al pasar las páginas rápidamente parece que las figuras dibujadas dentro se muevan como si fueran dibujos animados.

¿Qué necesitas?

- Regla
- Tijeras
- Lápiz y goma
- Cartulina blanca
- Rotuladores de colores
- Goma de pelo ancha
- Clip grueso

1 Para hacer tu flip book, en primer lugar debes pensar una historia que puedas dibujar con 16 escenas. Fíjate en la historia que aparece aquí.

2 Haz una plantilla como la que hay en estas páginas pero más grande, con cuatro columnas de cuatro casillas cada una. Cada casilla debe medir 11 x 6 cm.

3 Puedes también añadir portada delantera y trasera. Si es así necesitarás 18 rectángulos de cartulina.

8+

45'

1+

Flip

4 Dibuja y colorea tu historia. Cada ilustración debe tener un pequeño cambio respecto a la anterior para que se note el movimiento. A continuación, recorta los rectángulos.

5 Apila los dibujos en orden y sujétalos con un clip o con una goma gruesa para encuadernarlos. Fíjate en el dibujo modelo.

6 Pasa las páginas y verás a la perfección el efecto de movimiento de los dibujos.

Un simpático cuelgapomos

Si quieres aislarte y estar tranquilo en tu habitación para leer o jugar, cuelga en el pomo de la puerta este cuelgapomos.

¿Qué necesitas?

- Tijeras
- Rotuladores
- Lápiz y goma
- Papel vegetal
- Cartulinas de colores

NO PASAR

adelante

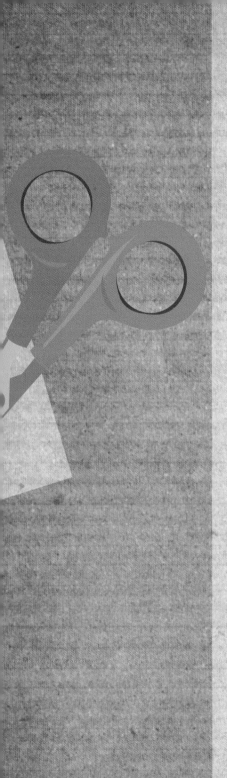

1. Calca con papel vegetal el cuelgapomos que tienes en la página de al lado. Después coloca el papel vegetal con el dibujo encima de la cartulina.

2. Con el lápiz repasa fuerte la silueta de la etiqueta, para que quede marcada en la cartulina.

3. Resigue con lápiz la línea marcada en la cartulina.
Pide ayuda a un mayor y recorta el cuelgapomos.

4. Decóralo como quieras. Deja un espacio para poner un mensaje. Fíjate en los de la página.

Gafas a la moda

¿Quién dice que el verano es aburrido? El verano es calor, sol, playa, montaña, diversión, amigos…y qué mejor que unas buenas gafas para las vacaciones.

¡Sigue los pasos y diseñarás unas fantásticas gafas!

¿Qué necesitas?

- Cúter
- Tijeras
- Pegamento
- Lápiz y goma
- Papel vegetal
- Cartulina blanca o de colores
- Rotuladores o pintura

1 Calca con papel vegetal las gafas que hay en la página de al lado. Coloca el papel vegetal encima de la cartulina. Con el lápiz sigue fuerte la silueta de las gafas, para que quede marcada en la cartulina.

2 Pide ayuda a un mayor para recortarlas y para que corte con el cúter el rectángulo dibujado en negro. Por ahí, la varilla se unirá a las gafas.

3 Calca también la patilla de las gafas y haz lo mismo para dibujarla en la cartulina. Te sugerimos que hagas dos patillas izquierdas y dos derechas y que las pegues entre ellas para dar más grosor y sean más resistentes.

4 Solo te queda pegar las patillas y decorar las gafas como más te guste.

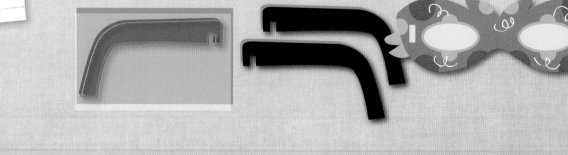

Batidos naturales

Preparar unos batidos sabrosos resulta muy fácil y nutritivo. La fruta contiene muchas vitaminas y si lo pones en la nevera será un buen refresco para las meriendas.
Aquí te presentamos tres recetas riquísimas, pero puedes usar tu imaginación para inventar nuevas mezclas.

¿Qué necesitas?

- 1 platano
- 2 melocotones
- 4 rebanadas de melón
- 200 gr de fresas
- 200 gr de frutos rojos
- 1 vaso de leche
- 2 vasos de zumo de naranja natural
- Una batidora
- Un cuchillo
- Vasos altos

Batido de melón

Mezclar en la batidora 4 rebanadas de melón troceadas, 200 gramos de fresas y ¾ de vaso de zumo de naranja.

Batido de leche con frutos rojos

Mezclar en la batidora 200 gramos de frutos rojos (fresas, arándanos, frambuesas,...) con ¾ de vaso de leche.

⚠️ Pide siempre ayuda a un mayor cuando utilices utensilios y electrodomésticos de cocina.

Batido de plátano y melocotón

Mezclar en la batidora 1 plátano, 2 melocotones y el zumo de 2 naranjas.

6+

25'

1+

Ballena y pez
con papiroflexia

1 Dobla un cuadrado de papel de 10 x 10 cm. por la diagonal.

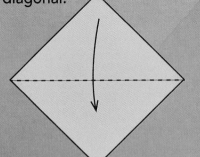

2 Dobla ahora los lados A y B justo hasta la diagonal.

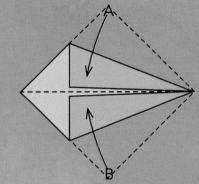

3 Dobla la punta C.

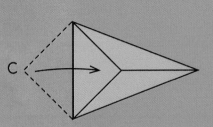

4 Corta la punta D solo por donde indica la línea discontinua, no todo el contorno.

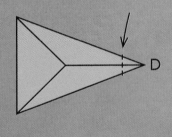

5 Despliega los lados A y B y vuelve a hacer un pliegue a un centímetro del margen. Guíate por el dibujo.

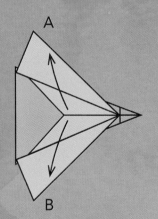

6 Despliega la punta C y haz un pliegue a un centímetro del margen. Abre la punta D para formar la cola. Da la vuelta al pez y dibújale un ojo, una boca y las escamas.

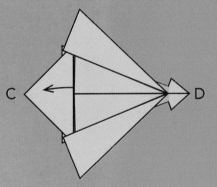

Para la ballena, recorta un cuadrado de papel de 20 cm. Los tres primeros pasos son iguales que los del pez.

4 Dobla hacia arriba los puntos A1 y B1, como ves en el dibujo.

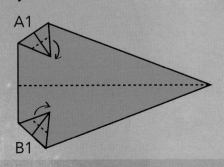

5 Dobla hacia delante la parte superior de la figura en sentido paralelo al pliegue central.

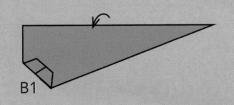

6 Dobla la punta de la cola en ángulo. Desdobla un poco el cuerpo e invierte los pliegues para que quede bien.

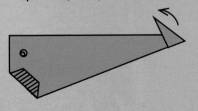

Cometa
voladora

¿Qué necesitas?

- Tijeras
- Cordel
- 50 metros de nailon
- Papel de lija
- Cuchillo de sierra
- Hilo de nailon fuerte
- Cinta adhesiva fuerte
- Pegamento para plástico
- Un *trozo* de madera de 14 x 8 cm
- 1 bolsa de basura grande
- Bolsas de basura de distintos colores
- 3 cañas de bambú, 2 de 40 cm y 1 de 30 cm (las encontrarás en floristerías)

1 Pide ayuda a un mayor para que te haga dos muescas en los extremos de las tres cañas. Mira el dibujo. (a)

Ata las cañas con el cordel como indica el dibujo. Debes dar una vuelta al cordel en cada muesca. (b)

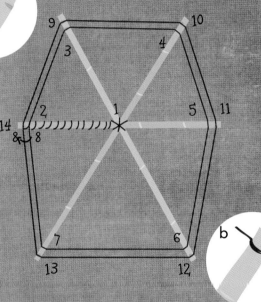

Sigue el circuito marcado con números en el dibujo. Da dos vueltas al cordel para que esté bien tensado.

2 Abre con las tijeras la bolsa de basura. Coloca la estructura de cañas encima de la bolsa y recorta la bolsa con la forma de la estructura dejando un margen de unos 10 o 12 cm.

3 Con las tijeras, haz un corte en los ángulos de la bolsa, de modo que puedas doblar los bordes y formar solapas. Dóblalas alrededor del cordel interior y engánchalas con una goma.

4 Refuerza las solapas con cinta adhesiva y deja el cordel exterior a la vista. Ahora puedes decorar la base de la cometa con trozos de bolsas de plástico de colores.

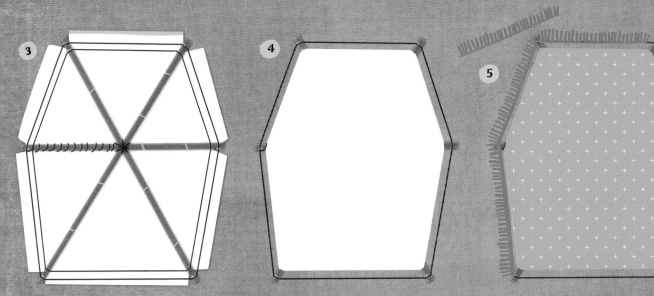

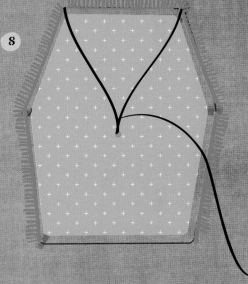

5 Recorta tiras de bolsas de basura de colores de unos 7 cm de anchura y la longitud necesaria y recorta flecos. Pégalos con cinta adhesiva a los cordeles exteriores de la cometa.

6 Con el papel de lija rebaja los extremos del trozo de madera dándole la forma que ves en el dibujo. Enrolla en él los 50 m de hilo de nailon.

7 Con las tijeras haz un agujero en la superficie sobre el centro de la estructura de cañas. Introduce tres hilos de nailon y átalos como en el dibujo. Deja suelto 50 m de hilo.

8 Fabrica una cola recortando tiras de bolsas de basura de colores. Fíjala a la cometa con cinta adhesiva.
Ahora busca un lugar con viento para estrenar la cometa ¡y a volar!

Juegos
SORPRENDENTES

Hexágono mágico

Sigue los pasos para construir un hexágono mágico que cambia de color cuando lo giras.

1

1 2 3
2 3 1

1 3
3 2

1 2
2 3

2 1
1 3

Dibuja cuatro tiras como estas en un papel, con los triángulos equiláteros de igual color que los del libro. Une las tiras tal como indican las flechas y a continuación, con los números del derecho, pega la tira de debajo al dorso de la otra tira.

2

1 2 3 1 2
2 3 1 2 3

Fíjate en el resultado de la unión mirando este segundo dibujo.

3

1 2 3 1 2
2 3 1 2 3

Dobla por la parte indicada siguiendo la dirección de las líneas.

4

3 3 1
3 1 1

Fíjate cómo queda la figura una vez doblada.

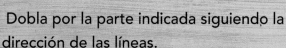

32

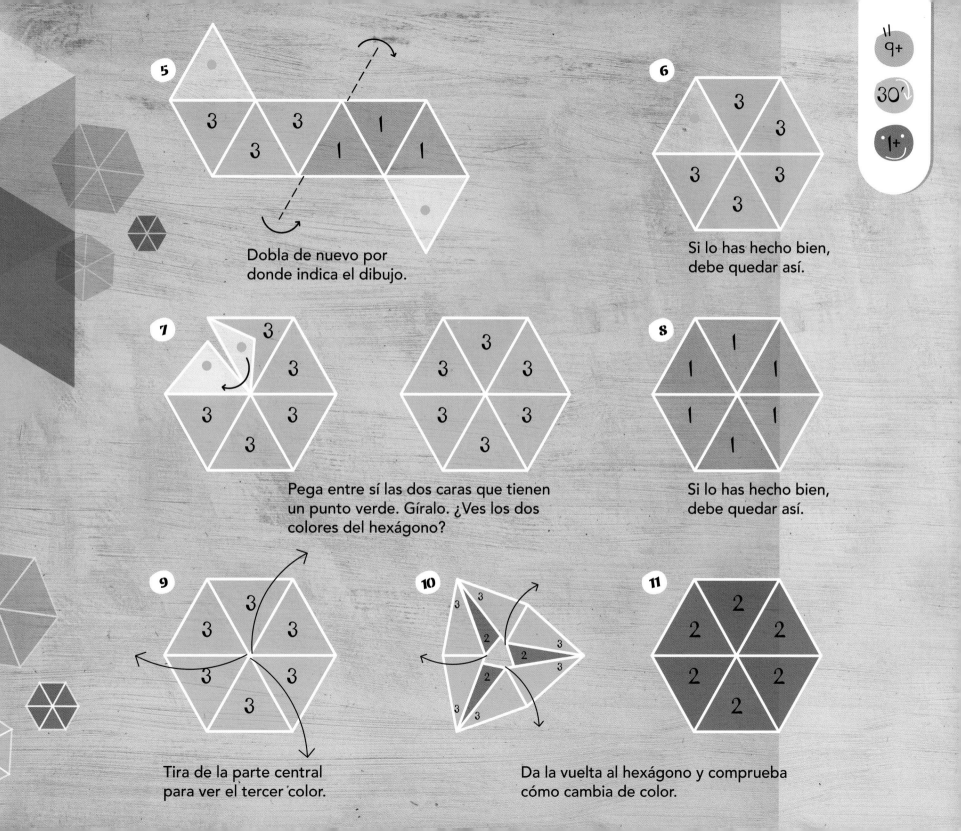

5 Dobla de nuevo por donde indica el dibujo.

6 Si lo has hecho bien, debe quedar así.

7 Pega entre sí las dos caras que tienen un punto verde. Gíralo. ¿Ves los dos colores del hexágono?

8 Si lo has hecho bien, debe quedar así.

9 Tira de la parte central para ver el tercer color.

10 Da la vuelta al hexágono y comprueba cómo cambia de color.

11

Trabalenguas

Reta a tus amigos a memorizar estos trabalenguas ¡y que gane quien los diga más rápido! ¿Eres capaz de aprendértelos todos y decirlos sin equivocarte?

Erre con erre, no encuentro,
erre con erre, van tres,
otro animal en mi cuento
con erre de rana, de burro y de res.

Si Sansón no sazona su salsa
con sal, le sale sosa; le sale sosa
su salsa a Sansón
si la sazona sin sal.

Cuando cuentes cuentos,
cuenta cuántos cuentos cuentas,
porque si no cuentas cuántos cuentos cuentas,
nunca sabrás cuántos cuentos cuentas tú.

Hila que te hila
el hilo la hilandera,
hilando los hilos
los hila en hilera.

Tres traperos
tapan con trapos
la tripa del potro.

Si yo como como como,
y tú comes como comes.
¿Cómo comes como como.
Si yo como como como?

Cuca saca
de su saco
caqui un queso
casi seco.

Mensajes invisibles

¿Te gustaría escribir mensajes secretos como los espías de las películas? Solo necesitas un limón, un palillo y una bombilla…
¡y a escribir!

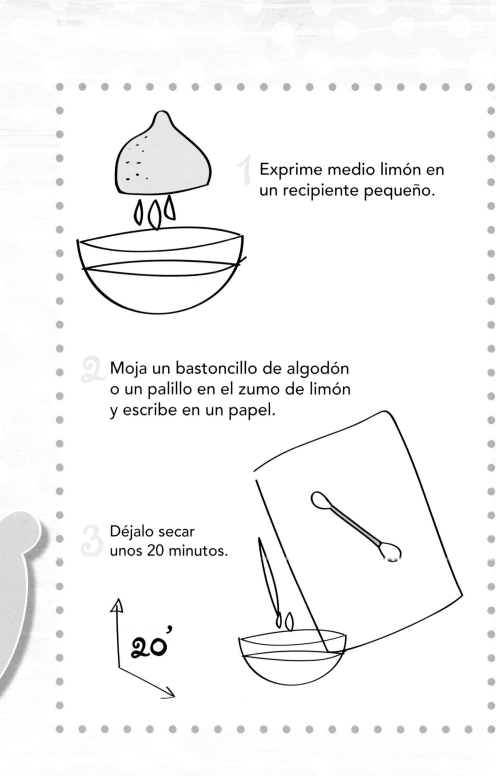

1 Exprime medio limón en un recipiente pequeño.

2 Moja un bastoncillo de algodón o un palillo en el zumo de limón y escribe en un papel.

3 Déjalo secar unos 20 minutos.

20'

4 Puedes probar también con un papel ya escrito, añadiendo el mensaje invisible entre líneas.

5 En el papel no se verá nada. Para que el mensaje sea visible, acerca el papel a una fuente de calor, como una bombilla, o pídele a un mayor que le pase la plancha.

6 También puedes utilizar jugo de cebolla para fabricar tinta invisible.
¡Ten cuidado, no llores!

Dibujos
traicioneros

Puedes jugar con tus amigos a los dibujos traicioneros. Solo hace falta papel y lápiz para cada jugador y una presa fácil a quien poner a prueba y arrancar una carcajada.

Copia los dibujos en una hoja de papel, por separado, y pregunta: ¿qué ves en este dibujo? Seguro que a pocos les resulta fácil adivinar de qué se trata. Y tú ¿lo sabes? Adivínalo sin mirar la solución.

¡Ya tienes unos cuantos retos planteados para estrujar las neuronas!

a)

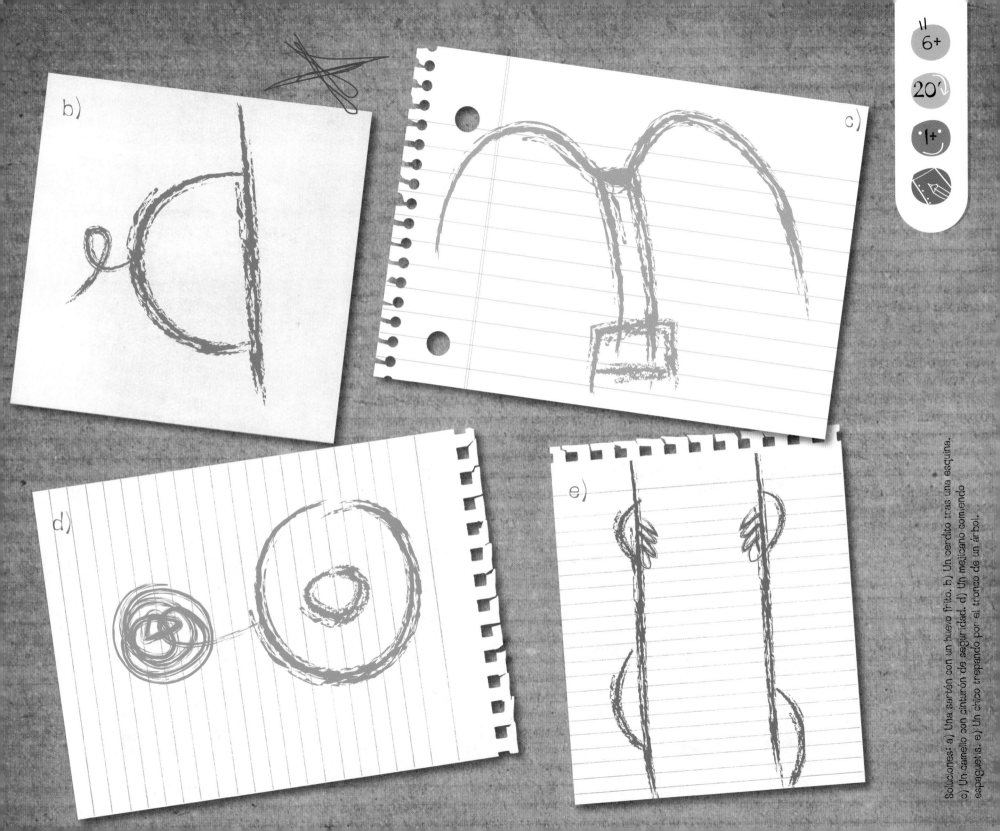

b)

c)

d)

e)

Maquillaje de pies

Tus pies necesitan un maquillaje al agua que no daña la piel y se seca rápido. Lo encontrarás en papelerías, jugueterías y tiendas de disfraces. Usa también pinceles, un trapo y un recipiente con agua. Como complemento, lápices de los ojos, de labios y bastoncillos de algodón.

Aplica, si se lo haces tú a un amigo, una base verde en la planta del pie y en la parte inferior una de color azul para la alformbra. ¡Con los pies limpios, por supuesto!

Con el pincel más grueso ve rellenando y difuminando a la vez hasta que quede una base uniforme. Pinta las rayas más gruesas con un tono de verde más claro. Dibuja con el pincel fino las rayas más finas y los adornos de la sábana.

Con lápiz de ojos negro y lápiz de labios rojo, dibuja una cara en cada dedo. Fíjate en el dibujo. Puede que necesites ayuda de un adulto para esos trazos pequeños. No te olvides de pintar al perrito encima de la alfombra.

¡Ya tienes toda la familia feliz en la cama!

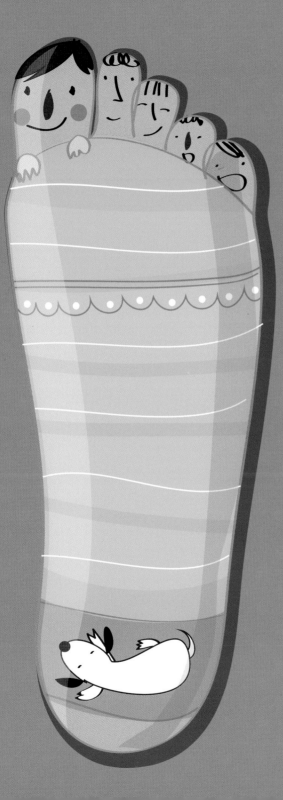

Aquí tienes otros dos modelos.
Inventa tú los que quieras.

7+
60'
2+

Ten en cuenta que las pinturas
de maquillaje manchan al
menor contacto. Aunque se
lavan fácilmente con agua
y jabón, procura no pisar las
alfombras ni poner los pies
en los sillones ni encima las
camas.

Utiliza crema desmaquilladora
de mamá a la hora de retirar
el maquillaje.

Tantanes divertidos

Ser capaz de provocar la risa a través de un chiste no es tan fácil. Lo primero que necesitas es aprender algunas de estas ocurrencias cómicas y saberlas contar de manera graciosa. Conviértete en el más divertido de tu pandilla de amigos con tantanes, los chistes que empiezan con «Tan, tan que…».

Era un río tan estrecho, tan estrecho, que solo tenía una orilla.

Era una casa tan pequeña, tan pequeña, que cuando entraba el sol tenían que salirse todos.

Era un atleta tan rápido, tan rápido, que al dar vueltas a una farola se mordía la oreja.

Era una casa tan elegante, tan elegante, que hasta los ratones llevaban corbata.

Tenía una boca tan grande,
tan grande,
que se ponía un pinza en medio
y cantaba a dúo.

Era un coche tan rápido,
tan rápido, que se pasaba
los pueblos de dos en dos.

Era una calle tan ancha,
tan ancha,
que en vez de pasos de cebra
tenía pasos de elefante.

Era un chiste tan malo,
tan malo, que tuvieron que
castigarlo.

Era una vaca tan plana, tan
plana que en vez de dar leche,
daba lástima.

Era un caballo tan cansado,
tan cansado, que al ponerle
la silla se sentó.

Era una ciudad tan pobre,
tan pobre,
que tenía semáforos en
blanco y negro.

Era un señor tan pequeño,
tan pequeño, que se subía los
calcetines y no veía.

7+

15'

2+

Retrato original

Puedes sorprender a alguien de tu familia o a tus amigos con una postal muy original.

¿Qué necesitas?

- Fotos
- Lápiz y goma
- Pegamento
- Tijeras
- Cartulina blanca
- Lapices de colores
- Un sobre

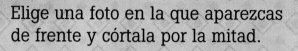

Elige una foto en la que aparezcas de frente y córtala por la mitad.

Después pégala sobre una cartulina de modo que quede la mitad del espacio para pintar.

A continuación dibuja en la cartulina lo que te falta de la foto del modo más simétrico posible. Una vez dibujado, colorea el dibujo lo más parecido posible a la foto. ¡Ya tienes una divertida postal para enviar a quien te apetezca!

Juegos tipográficos

Para este juego creativo solamente necesitas papel, rotulador y mucha, mucha imaginación. Puedes jugarlo solo o en compañía, creando equipos e incluso compitiendo.

Piensa una palabra y escríbela de tal modo que las letras evoquen su significado. Mira los ejemplos e inspírate.

diFe rente

ESCALERA

JUNTO
SEPARADO

O Refugi

¡Ojo!

El vaso que desaparece

Vas a dejar a todos boquiabiertos con este juego de magia. Practica primero hasta tenerlo dominado y después congrega a tu público. ¡Magia potagia!

¿Qué necesitas?

- Una mesa pequeña
- Papel
- Un mantel
- Una silla
- Un vaso
- Una moneda
- Una hoja de periódico

Presentación:

Señoras y señores, no aparten la vista de esta moneda. Con mis poderes y una palabra mágica, la haré desaparecer en breve.

¿Estás preparado?

Para este truco de magia necesitas una mesa con mantel, y encima un vaso boca abajo con una moneda dentro. Siéntate en el lado contrario del público y cubre el vaso con una hoja de periódico. ¡Es importante que antes le des forma de vaso para que el truco sea perfecto!

Haz la presentación y da un toque mágico al vaso. Después retíralo y hazte el sorprendido cuando el vaso y la moneda sigan ahí. Pon el vaso disimuladamente sobre tus rodillas y vuelve a colocar el papel con su forma sobre la moneda en la mesa, para que crean que el vaso sigue ahí. Es el momento de dar un gran golpe al papel ¡y sorprenderlos cuando vean que no hay ningún vaso!

Ilusiones ópticas

No te fíes de todo lo que ves: mira una vez, cierra los ojos, y vuelve a mirar concentrándote en los dibujos. ¡No creerás que estás viendo lo mismo!

A veces las imágenes provocan un cortocircuito en nuestro cerebro y distorsionan la percepción. Es aquí cuando se crean las ilusiones ópticas. Cuando nuestro ojo ve alguna cosa que el cerebro no puede aceptar o reconocer, distorsiona la imagen.

Las ilusiones ópticas dan pie a infinidad de juegos. Disfruta resolviendo estos ejemplos y pon a prueba a tu familia y amigos.

Fíjate en el dibujo. ¿A que parece que se mueve?

1) ¿Qué hay dibujado sobre estos círculos?

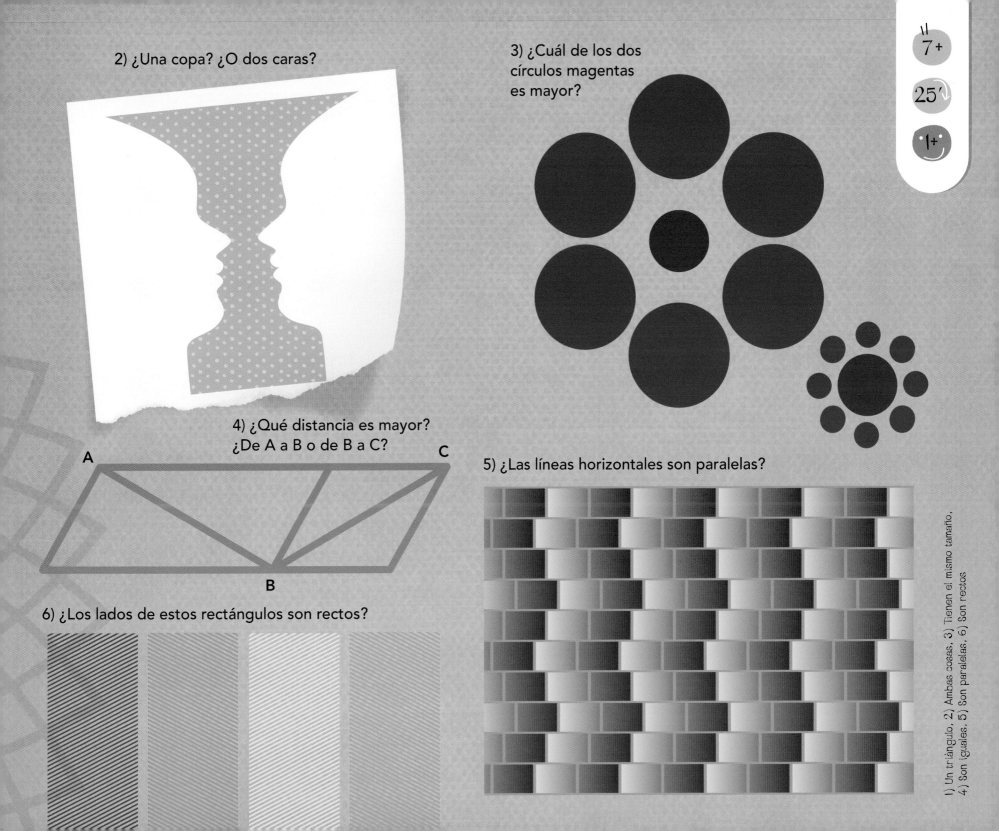

2) ¿Una copa? ¿O dos caras?

3) ¿Cuál de los dos círculos magentas es mayor?

4) ¿Qué distancia es mayor? ¿De A a B o de B a C?

A

C

B

5) ¿Las líneas horizontales son paralelas?

6) ¿Los lados de estos rectángulos son rectos?

1) Un triángulo, 2) Ambas cosas, 3) Tienen el mismo tamaño, 4) Son iguales, 5) Son paralelas, 6) Son rectos

Juegos de
INGENIO

Juegos con cerillas

Los juegos con cerillas nacieron en China, aunque allí se jugaban con bastoncitos. Puedes utilizar lápices o palillos si lo prefieres. En este juego lo único que tienes que encender es tu cerebro para crear pequeñas figuras.

Caja ejemplo muestra la posición inicial. Consigue crear la figura propuesta con los mínimos movimientos.

1 Mueve dos cerillas para obtener una silla.

2 Mueve una cerilla para transformar esta taza en un taburete al revés.

3 Mueve cuatro cerillas para obtener cuatro triángulos inscritos en uno más grande.

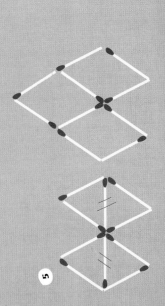

4 Mueve seis cerillas para convertir esta figura en una estrella de seis puntas.

5 Desplaza dos cerillas para obtener tres rombos iguales.

Soluciones:

4

3

2

1

5

8+

30'

1+

Demuestra tu ingenio

1) Si Ángela es más baja que Marta y Rosa es más alta que Marta, ¿Ángela es más alta o más baja que Rosa?

4) Si un pastor tiene 15 vacas y se mueren todas menos 9, ¿cuántas vacas le quedan?

5) Un comerciante compró un artículo por 7 €, lo vendió por 8, lo volvió a comprar por 9 y lo vendió definitivamente por 10 €. ¿Qué beneficio sacó?

8) ¿Qué es aquello que cuando es macho alumbra y cuando es hembra no?

9) Dos niños se comen 3 helados diarios. ¿Cuántos niños y niñas son necesarios para comerse 90 helados en 30 días?

2) Si una pelota vale 10 € más la mitad de lo que cuesta. ¿Cuánto vale la pelota?

3) Dos padres y dos hijos fueron a pescar. Pescaron tres peces y tocó a un pez cada uno. ¿Cómo te explicas esto?

6) Un caracol sube por una pared de 10 metros. Todos los días sube tres metros y por la noche baja dos. ¿Cuántos días tardará en llegar a o lo alto de la pared?

7) ¿Qué debemos hacer para que no nos piquen los mosquitos mientras dormimos de noche?

10) Tengo igual cantidad de monedas de 2 € que de 1 € y entre las dos tengo 45 €. ¿Cuántas monedas tengo de cada clase?

11) ¿Qué parentesco tiene conmigo el hermano del hijo de mi padre?

12) Teresa tiene un hermano que se llama David. David tiene tantos hermanos como hermanas. Teresa tiene el doble de hermanos que de hermanas. ¿Cuántos chicos y chicas hay en la familia?

Soluciones: 1) Más baja. 2) Vale la mitad más 10 €, es la otra mitad. En total: 20 €. 3) En realidad solo eran tres personas: el hijo, el padre de este y el abuelo. Pero el padre es a la vez hijo. 4) 9 vacas. 5) 2 €. 6) Ocho días. Los siete primeros avanza un metro diario y el octavo, antes de bajar, llega a lo alto. 7) Dormir de día. 8) El foco y la foca. 9) Dos. 10) 15 de cada clase. 11) Es mi hermano. 12) Tres chicas y cuatro chicos.

De un
solo trazo

¿Eres capaz de realizar este dibujo
sin levantar el lápiz del papel ni
pasar dos veces por el mismo sitio?
Prueba con alguna de estas figuras.
¿Crees que todas pueden realizarse
siguiendo las dos normas?

*Descubre qué dibujos
se pueden hacer sin
levantar el lápiz.*

Hay un truco para saber si una figura puede dibujarse sin levantar el lápiz del papel y sin pasar dos veces por la misma línea: si los vértices (donde se juntan las líneas de la figura) son pares, puede hacerse; si son impares, no.

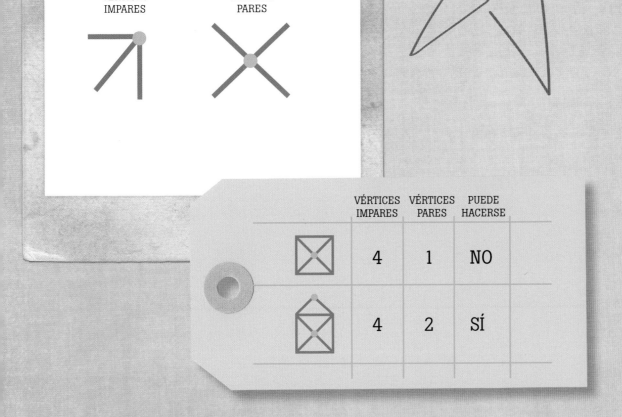

VÉRTICES IMPARES	VÉRTICES PARES
VÉRTICES IMPARES	VÉRTICES PARES	PUEDE HACERSE
:---:	:---:	:---:
4	1	NO
4	2	SÍ

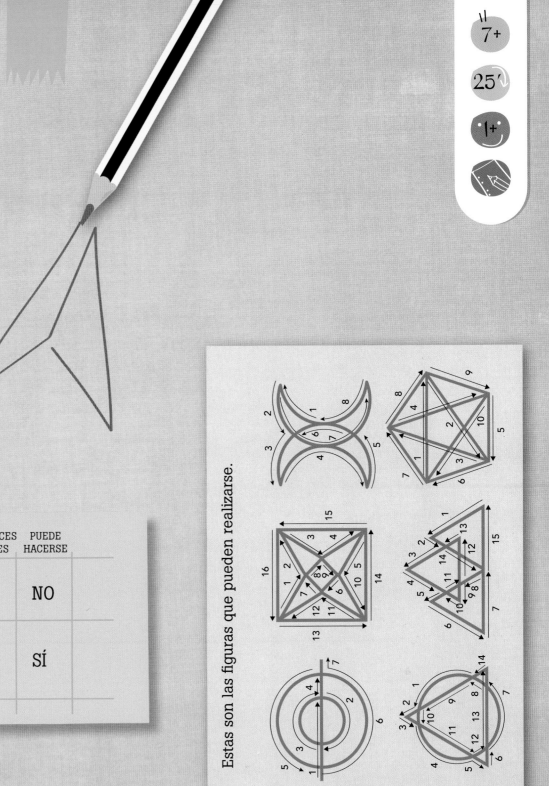

Estas son las figuras que pueden realizarse.

El juego de Kim

El juego tiene su origen en *Kim*, novela del premio nobel Rudyard Kipling. Kim es un joven indio muy espabilado a quien ponen a prueba para lograr que entre a formar parte del servicio secreto. Una de las pruebas consiste en un juego de observación y memoria como este que tienes delante.

Observa durante 1 minuto los dibujos que hay en la doble página.
A continuación cierra el libro y enuméralos.
¡No puedes olvidar ninguno!

También puedes jugar con tus amigos comparando listas y contando 1 punto por cada objeto memorizado y restando 1 punto por cada objeto inventado.
¡A ver quién tiene más memoria!

Existen muchas variantes del juego. Una de ellas es colocar los objetos ordenados en fila. El capitán de juego los cambia de lugar. Los jugadores deberán acertar qué objetos se han movido de lugar.

7+

15'

2+

Un tangram
muy divertido

El tangram es un puzle chino con más de 4 000 años de antigüedad. Consiste en un cuadrado compuesto por siete figuras geométricas que puedes mover y formar figuras.

¿Qué necesitas?

- Regla
- Tijeras
- Lápiz y goma
- Papel vegetal
- Cartulina blanca
- Rotuladores de colores

1. Calca con papel vegetal el tangram de la página izquierda.

2. Coloca el papel vegetal encima de la cartulina. Con el lápiz repasa fuerte la silueta del Tangram para que quede marcada en la cartulina.

3. Resigue con lápiz las líneas marcadas en la cartulina. Pide ayuda a un mayor y recorta las siete piezas.

4. Decóralas como más te guste ¡y a jugar!

¿Te atreves a formar todos estos payasos? Observa atentamente la figura modelo, decide cuáles son las piezas clave y empiézalas a colocar. Añade las restantes para completar la figura.

Mensajes
secretos

La criptografía es el arte de escribir mensajes secretos que solo tú y tus amigos podéis comprender.
Aquí tienes algunos métodos de auténticos espías para sorprender con trucos dignos de un agente supersecreto como James Bond.

El método Julio César

Consiste en reemplazar cada letra por la letra situada tres posiciones más adelante en el abecedario.

A	B	C	D	E	F	G	H	I	J	K	L	M	N	Ñ	O	P	Q	R	S	T	U	V	W	X	Y	Z
X	Y	Z	A	B	C	D	E	F	G	H	I	J	K	L	M	N	Ñ	O	P	Q	R	S	T	U	V	W

¿Sabrías descifrar la siguiente frase?

¿MXHJDV D FRGLJRV VHFUHWRV?

Este mensaje ha sido cifrado según el método Julio César. Si prestas atención a la tabla que acabas de ver podrás descifrarlo y saber cuál es la pregunta.

Código Trevanion

Hay que tener en cuenta la tercera letra después de cada signo de puntuación.

¿Descubres el mensaje?

Querido Amador:

Tu bicicleta me funcionó muy bien, es una buena máquina. Después de los exámenes nos vemos. ¿Cocinas todavía pasteles para tus amigos? En agosto viajaré a tu pueblo, podré estar una semana. Preguntaré a mis padres si me dejan. Tu bicicleta estará de nuevo contigo. Álava es muy aburrida en verano, en julio voy de campamentos deportivos con Pedro, uno de mis mejores amigos.

Solución: BUSCA DEBAJO.
Querido Amador:
Tu **B**icicleta me funcionó muy bien, es **U**na buena máquina. De**S**pués de los exámenes nos vemos. ¿Co**C**inas todavía pasteles para tus amigos? En **A**gosto viajaré a tu pueblo, po**D**ré estar una semana. Pr**E**guntaré a mis padres si me dejan. Tu **B**icicleta estará de nuevo contigo. **Á**lava es muy aburrida en verano, en **J**ulio voy de campamentos deportivos con Pedro, un**O** de mis mejores amigos.

Códigos cuadrados o en otros formatos

Se disponen las letras de manera poco habitual, formando un cuadrado para esconder el mensaje.

¿Sabes descifrarlos?

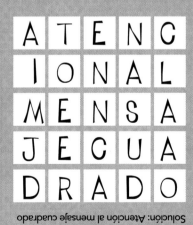

A	T	E	N	C
I	O	N	A	L
M	E	N	S	A
J	E	C	U	A
D	R	A	D	O

Solución: Atención al mensaje cuadrado

A	Q	U	I	E
E	N	C	A	S
O	L	*	R	T
T	O	C	A	A
I	R	C	S	E

Solución: Aquí está escrito en caracol

Matemagia sorprendente

Las matemáticas también pueden ser divertidas, como estos pasamientos con números con los que pasarás un rato divertido y dejarás a tus amigos o a tu familia boquiabiertos.

$$42 \times 2 = 84 + 5 = 89$$
$$89 \times 50 = 4.450$$
$$+ 1.764$$
$$\overline{6.214}$$
$$- 1.969$$
$$\overline{4.3\ 45}$$

Adivina la edad de una persona

Solo necesitas a alguien que quiera jugar.

- Pregúntale el número de calzado que gasta.
- Multiplícalo por 2.
- Suma 5 al resultado.
- Multiplica por 50.
- Suma 1764 (si estás en el año 2014; si no debes añadir un número más por año).
- Resta el año de su nacimiento.

Con esto, resulta un número de 4 cifras, las dos últimas dan la edad del jugador. Las dos primeras el número de su calzado. ¡Magia!

153 : 15 de marzo

601 : 6 de enero

807 : 8 de julio

Adivina la fecha de cumpleaños

- Escribe el día del mes en que naciste.
- Multiplícalo por 5.
- Suma 9.
- Multiplícalo por 4.
- Resta 5.
- Vuelve a multiplicarlo por 5.
- Súmale el número del mes de tu nacimiento.
- Suma 48.
- Réstale 203 al resultado ¡y tendrás la fecha de cumpleaños!

7 de agosto, mes 8

$7 \times 5 = 35 + 9 = 44$

$44 \times 4 = 176 - 5 = 171$

$171 \times 5 = 855 + 8 + 48 = 911$

$911 - 203 = 708$

7 del 8

El truco
de la moneda

Solo necesitas una hoja de papel, una moneda de 20 cts. de euro, una moneda de 1 €, un lápiz y unas tijeras. También deberás contar con público que quiera ver tus maravillosos trucos.

1. Repasa con un lápiz el contorno de la moneda de 20 cts. encima del papel. Después, recorta el círculo que has trazado.

2. Dirígete al publico y pide a un voluntario que intente pasar una moneda de 1 € por el agujero sin romper la hoja. Si no conoce el juego no lo conseguirá.

3. A continuación, demuestra tú cómo se hace. Dobla el papel por la mitad, tal como ves en el dibujo.

4. Coloca la moneda de 1 € entre el papel doblado, de manera que sobresalga un poco, tal como aparece en el dibujo.

5. Agarra las esquinas del papel con dos dedos y levántalo ligeramente hacia arriba. Fíjate en el dibujo.

6. El agujero se ensanchará y la moneda de 1 € pasará a través del agujero de la moneda de 20 cts. Puedes hacerlo con monedas de distintos países que tengan un tamaño similar a la de 1 €.

Rompecabezas delirantes

Pon a juego las neuronas de tu familia y amigos para resolver el rompecabezas. Presta atención a los pasos para ser el primero en resolverlo.

¿Qué necesitas?

- Regla
- Cúter
- Tijeras
- Cartulina
- Lápiz y goma
- 2 bolas de madera
- 2 botones grandes
- 80 cm de cordel fino

Paso a las bolas

1. Recorta un trozo de cartulina de 13 x 16 cm. Dibuja dos líneas paralelas y un círculo como ves en el dibujo. Pide ayuda a un mayor para cortar las líneas y el círculo con el cúter.

2. Recorta un trozo de cordel de unos 20 cm. Si no tienes bolas de madera, puedes fabricarlas con papel de aluminio. Pasa el cordel como ves en el dibujo. Pon una bola en cada extremo del cordel y haz un nudo al final.

3. Gira el papel e intenta pasar las bolas por el agujero sin romperlo. ¿A que no puedes? El truco es fácil: dobla la cartulina como indica la ilustración y haz pasar la tira recortada por el agujero. Después podrás sacar las dos bolas atrapadas.

Botones prisioneros

1 Recorta 50 cm de cordel y dóblalo por la mitad. A continuación, pasa las dos puntas del cordel por uno de los agujeros del botón.

2 Tira las dos puntas del cordel hacia abajo, pásalo por dentro del bucle, después súbelo y enhébralo por el segundo agujero del botón. Tira fuerte del cordel.

3 Haz un nudo en las dos puntas. Pasa el bucle de cordel a través de los dos agujeros del segundo botón.

4 Pasa de nuevo el bucle por el primer agujero del segundo botón y después pasa el primer botón por este bucle.

5 Separa el bucle del agujero y aprieta tirando del cordel. ¡Los dos botones ya están prisioneros! Pide a alguien que intente liberarlos.

Puzle
infinito

¿Qué necesitas?

- Regla
- Tijeras
- Lápiz y goma
- Cartulina
- Rotuladores de colores

1 Recorta 16 cuadrados de cartulina de 6 x 6 cm.

2 Con el lápiz, haz una señal en cada unos de los lados de los cuadrados, justo en el centro.

6 CM

6 CM

3 Junta los 16 cuadrados y dibuja líneas sinuosas entre ellos. ¡Atención! Cada vez que la línea salga del cuadrado debe pasar por el centro.

4 No hagas las carreteras ni muy simples ni muy retorcidas, el resultado del puzle será mejor. Toma como ejemplo el dibujo que hay en el libro.

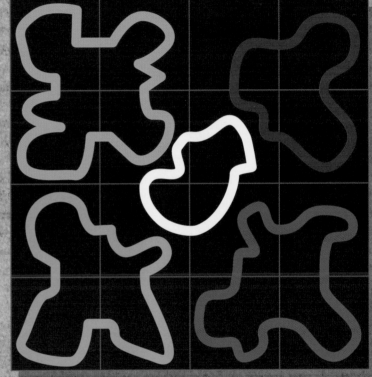

5 Combina el puzle como más te guste. Hay infinidad de opciones: descubre cuántas puedes hacer y memorizar.

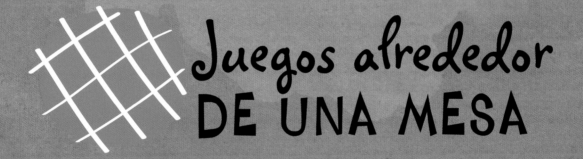

Juegos alrededor
DE UNA MESA

Juegos con papel cuadriculado

Este juego es parecido al tres en raya ¡pero a lo grande!
Necesitarás una hoja de papel cuadriculado y dos bolígrafos, uno de cada color.

Oxo

Primero, delimita en el papel cuadriculado un espacio de 10 cuadrados de ancho por 10 de alto y elige círculos (O) o equis (X) para jugar. Tu objetivo es alinear O-X-O en cualquier dirección antes que tu rival. Cada vez que lo consigas, márcalo y anótate 1 punto. Gana el jugador que alinea más veces O-X-O.

Cuadros
y **más cuadros**

Se necesitan dos bolígrafos de colores distintos y una hoja de papel cuadriculado. Su objetivo es conseguir cerrar el máximo de cuadrados posible, evitando que el jugador contrario también cierre.

1. Traza en el papel el espacio donde se desarrollará el juego.

2. El primer jugador traza una línea de un cuadrado siguiendo la cuadrícula del papel. El segundo jugador añade otra línea, ya sea junto a la primera o en algún otro lugar del espacio de juego si le interesa más para su estrategia.

3. Un cuadrado quedará cerrado cuando se hayan trazado tres de sus lados y un jugador, en su turno, trace el lado restante. Este jugador hará una señal dentro del cuadrado cerrado y trazará una nueva línea.

4. Gana el jugador que ha cerrado más cuadrados.

Adivinar palabras

re ción

r

ver

coo tran

Jeroglíficos

1. Los jugadores se dividirán en dos equipos. Cada equipo determinará cinco palabras que puedan representarse combinando letras e imágenes o simplemente con imágenes.

2. A continuación, con un tiempo límite de 5 minutos, confeccionarán un jeroglífico conjunto de las cinco palabras en el que letras e imágenes aparecerán desordenadas en tantas casillas como sea necesario. Así lo presentarán al equipo contrario.

3. El juego consiste en descifrar las cinco palabras uniendo letras e imágenes. No es fácil, ya que las casillas no guardan un orden y pueden corresponder a cualquiera de las cinco palabras.

4. Ganará el equipo que consiga adivinar más palabras.

SOLUCIÓN:
coo(pera)ción, (hoja)(lata), tran(quilo),re(sol)ver, r(ojo)

La buena palabra

1. Se designa a un capitán de juego que deberá pensar una palabra de 6 letras y escribirla en un papel sin enseñarla a nadie.

2. Los otros jugadores deberán adivinar la Buena palabra proponiendo otras palabras de 6 letras y deduciendo de las respuestas del capitán las letras que forman la palabra buscada así como su posición.

3. Cada jugador, por turnos, dirá una palabra de 6 letras.
A cada palabra propuesta, el capitán responderá con un número que indicará cuántas letras ocupan el mismo lugar que en la palabra oculta. Por ejemplo: ninguna letra, 2 letras…, pero sin decir cuáles son.

4. No os olvidéis de anotar todas las propuestas de los jugadores y las respuestas del capitán. Quien adivine la palabra se convierte en el nuevo capitán de juego.

MALETA = 2
PECERA = 1
PATATA = 2
TARIMA = 2
FUTURO = 2
MANADA = 2
ARRUGA = 2
MADERA = 2
MÉDICO = 1
MÍNIMA = 3
PESADA = 3
TIRADA = 5

MIRADA

Juegos verbales

perro > gato > animal > mascota > periquito > jaula > zoo > ~~animal~~

Cadena de palabras

1. Se juega por turnos. El primer jugador dice una palabra, la que quiera.
El siguiente en el sentido de las agujas del reloj continúa con una palabra relacionada y así sucesivamente.
Si, por ejemplo, el capitán de juego dice «mercado», el siguiente jugador puede decir «hortalizas» y el siguiente «carnicería».

2. Si un jugador repite palabra, se queda en blanco o dice una palabra que no está relacionada con la anterior, queda eliminado.

3. Cuando se complete la primera ronda, el que empezó la partida puede poner un reto a cada jugador: que forme una frase con todas las palabras, que repita la cadena, que la repita a la inversa...

Cadena de letras

6+
30'
3+

1. Los jugadores se sientan alrededor de una mesa. Pueden contar con lápiz y papel y ayudarse de un diccionario para consultar posibles dudas.
El capitán de juego, elegido entre todos, arbitra las partidas, y es él quien dice la primera letra.

2. El siguiente jugador en el sentido de las agujas del reloj debe decir otra letra que, junto con la precedente, pueda formar el inicio de una palabra.

Por ejemplo, el primer jugador ha dicho «m» y el segundo «a». Seguirá con otra letra el tercer jugador y así sucesivamente, procurando siempre que la nueva letra no complete ninguna palabra.
Si la completa, el jugador se anotará un punto negativo, y si llega a acumular 5 puntos negativos quedará eliminado.

3. El juego continúa hasta que solo quede un jugador, que será el ganador.

m

-1

~~mar~~ mat

ma

mati

Juegos de observación

El agujero

¿Son buenos observadores tus amigos? Invítalos a descubrir qué se esconde tras un agujero.

1. Elige un objeto que no sea demasiado grande, cúbrelo con una hoja de periódico a la que previamente habrás hecho un agujero de poco más de 1 cm de diámetro, y anímalos a adivinar qué ven a través del agujero sin tocar el objeto.

2. Si después de una ronda no lo han acertado, mueve un poco el objeto para ponérselo más fácil.

3. Una vez terminada la partida cambiad las posiciones y trata de adivinar tú el nuevo objeto.

NOTA:
Escoge preferentemente objetos poco voluminosos, el juego funcionará mejor.

La descripción

1. Los jugadores se sientan alrededor de una mesa.

2. Cada jugador, provisto de papel y bolígrafo, deberá escoger a un compañero para describirlo ¡sin ser demasiado evidente!
La descripción deberá ocupar como máximo 20 palabras y tendrá 1 minuto para hacerla. Al final de la hoja anotará el nombre del compañero descrito.

3. El capitán de juego reunirá las hojas de papel e irá leyendo al azar. El redactor de la descripción no puede decir nada mientras se va leyendo.

4. Si un jugador cree adivinar la identidad del compañero descrito, grita: «Es tal». Si la respuesta es exacta este jugador gana 2 puntos, pero si es errónea pierde 3. Gana el primer jugador que grita el nombre correcto.

5. También hay premio para el redactor de la descripción. Si el nombre se adivina al ser leída la primera frase de la descripción, el redactor gana 4 puntos. Si se adivina tras la segunda frase, serán 3 puntos.
El capitán de juego irá anotando la puntuación.

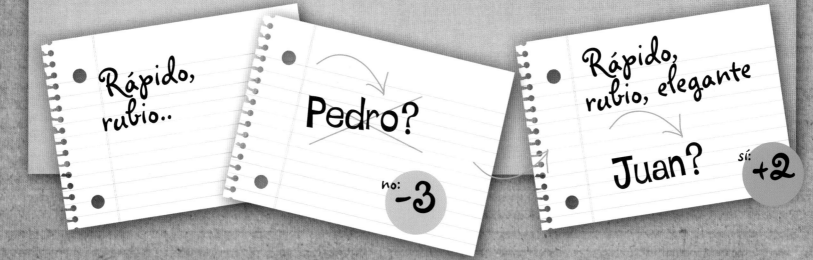

Rápido, rubio..

Pedro?
no: -3

Rápido, rubio, elegante

Juan?
sí: +2

Inventando adivinanzas

Las adivinanzas suelen constar de tres o cuatro versos y siempre siguen una estructura parecida:

- Introducción, donde se plantea lo que se debe descubrir.

- Triquiñuelas para despistar a quien debe responderla (repeticiones, onomatopeyas, metáforas, etc...).

- Una tercera parte, donde se va desentrañando la dificultad y se facilitan soluciones.

- Y para terminar, normalmente hay una pregunta.

¿Quieres inventar tus propias adivinanzas? ¡Sigue leyendo y verás!

Cómo hacerlas

1. En primer lugar, elige la solución de tu adivinanza. Mira a tu alrededor y busca una palabra: un instrumento, un elemento de la naturaleza, un objeto de deporte, algo que utilizas en el colegio, una fruta... Por ejemplo, MANZANA.

2. Observa atentamente las características y detalles propios de aquello que has elegido: dónde se encuentra, qué forma tiene, la textura, el color... Anota todo lo que observes. Por ejemplo, en el caso de la manzana:
• Se come.
• Es redonda y pequeña.
• Contiene muchas vitaminas.
• Puede ser roja, verde o amarilla.
• Crece en un árbol.
• Tiene piel y pepitas.
• Se come en compota y mermelada.
• A los gusanos les gusta.

Escoge aquellas características que mejor te sirvan para identificar el objeto: se come, es redonda y pequeña, crece en un árbol, gusta a los gusanos.

3. A partir de aquí crea frases divertidas, con comparaciones engañosas que rimen.

Redonda soy,
a la panza voy,
si los gusanos me quieren comer
al mercado debo correr.

Sin cruzarse

¿Qué necesitas?

- Cartulina
- Regla larga
- Rotulador negro
- Dos rotuladores de colores distintos, uno por jugador

¡A jugar!

1. El capitán debe escribir en grande dos veces cada número, del 1 al 25, al azar y de manera repartida y desordenada.

2. Cada jugador, por turnos, debe unir una pareja de números iguales, no importa cuál, trazando una línea recta con la ayuda de una regla.

3. No se puede dibujar una línea sobre otra. Tampoco pisar números. A medida que vaya avanzando el juego será cada vez más difícil encontrar un camino libre.

4. Gana el último jugador capaz de trazar una línea y unir dos números iguales.

1   16
22
11
4

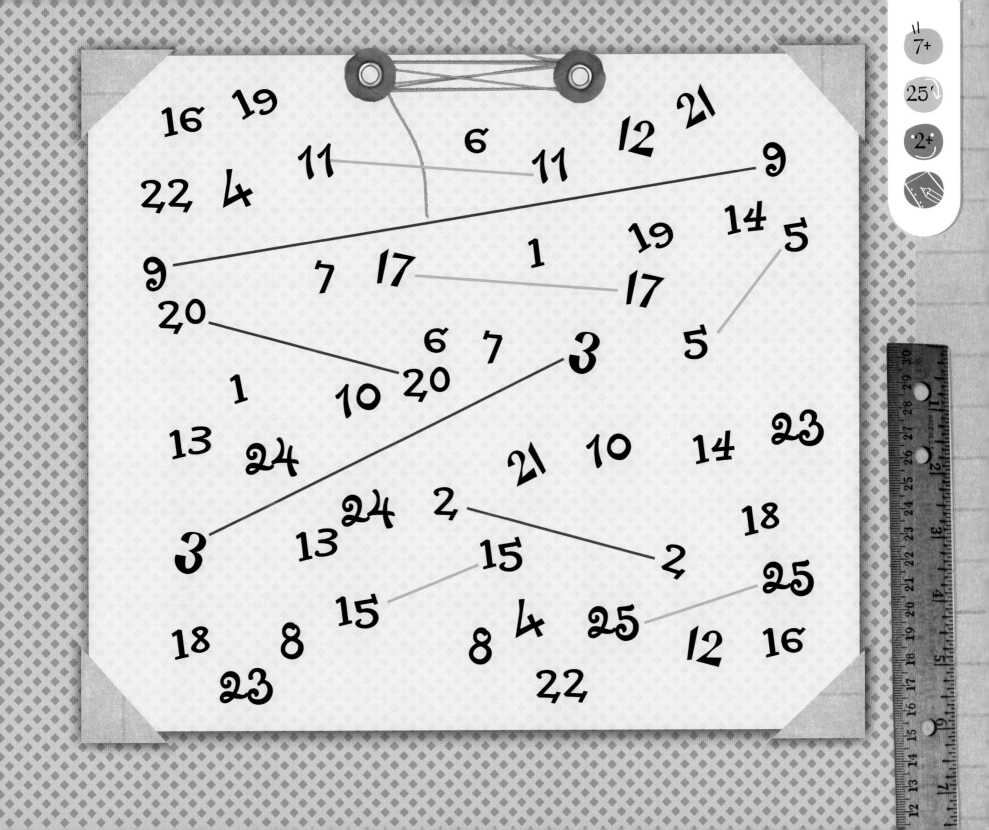

Acertar los dibujos

Cazar la mosca

1. Uno de los jugadores dibujará con un lápiz fino, en la cara de un folio, una mosca. Se la mostrará a los otros y doblará el folio, de manera que el dibujo quede oculto.

2. Los otros participantes dibujarán uno a uno un círculo del tamaño de una moneda de euro donde creen que está la mosca. ¡Hay que repasar fuerte el círculo para que el interior del papel quede marcado! Cada jugador pondrá su nombre o una marca personal dentro de su círculo.

3. Una vez trazados todos los círculos, se comprobará al trasluz si algún jugador ha atrapado la mosca y por tanto ha ganado el juego. Si nadie lo ha conseguido, se repite la partida.

El ojo de la bestia

1. Primero debes dibujar un animal grandote: una ballena, un elefante, un hipopótamo o un animal imaginario. Pero ¡muy importante! No le dibujes la pupila al ojo.

2. Los jugadores, por turnos, intentarán dibujarle usando rotuladores de distintos colores el ojo en el sitio correcto, pero ¡sin mirar el papel!

3. Todos los jugadores repetirán la acción. El ganador será el que haya dibujado el ojo más cerca del lugar donde corresponde.

El animal
imposible

Este juego provocará la risa de los participantes. Es una variante de «Cadáveres exquisitos», un juego literario que realizaban los escritores del movimiento surrealista. Se juega en grupo y hace volar la imaginación.

1. Los jugadores formarán grupos de tres. Un jugador dibujará la cabeza de un animal en el tercio superior de un folio y lo doblará hacia detrás con cuidado de que los otros no lo vean. A continuación, trazará en el siguiente tercio del folio dos rayitas para indicar dónde termina el cuello.

2. El siguiente jugador deberá dibujar el tronco del animal isin tener idea de qué hay más arriba! De la misma forma, cuando termine, doblará el folio y marcará el final del tronco con dos rayitas.

3. Cuando el tercer jugador haya dibujado las patas del animal siguiendo las rayitas trazadas por el anterior, podréis desplegar el folio y ver el animal imposible que habéis dibujado entre todos. ¿Os atrevéis a ponerle nombre?

Memory

El Memory es un juego clásico
muy divertido y que enriquecerá
tu observación, atención
y memoria. No solo podrás
jugarlo sino que además harás
manualidades.

92

1. Con la ayuda de una lata o algún objeto de base redonda, dibuja círculos en una cartulina y recórtalos.

2. Busca parejas de imágenes iguales en revistas (por ejemplo, en las páginas de publicidad). Recórtalas en forma de círculo y pégalas a los discos de cartulina. Pueden ser rostros, paisajes, alimentos, marcas... Ya tienes las fichas. Para poder jugar al Memory en grupo necesitarás unas 24 parejas.

3. Coloca las fichas boca abajo sobre la mesa y distribúyelas al azar.

4. El juego consiste en emparejar fichas. Por turnos, cada jugador podrá levantar un par de fichas cada vez, intentando formar parejas de imágenes iguales. Si no lo consigue volverá a dejar las fichas boca abajo.

5. Hay que fijarse bien en todos los círculos que se vayan girando y memorizar las imágenes. Cuando un jugador logra formar una pareja igual, la elimina de la mesa y vuelve a girar dos círculos.

6. Gana el jugador que haya conseguido formar más parejas.

Busca que busca

Todos a buscar

1. El capitán de juego elige un pequeño objeto (dado, botón, cucharilla, etcétera) y lo muestra a los otros jugadores.

2. Los jugadores abandonan la sala mientras el capitán esconde el objeto en un sitio difícil pero visible. A continuación los llama y empiezan a buscar.

3. Cuando un jugador ve el objeto, se dirige disimuladamente hacia la mesa, anota dónde se encuentra y se sienta.

4. Cada jugador que encuentra el objeto hace lo mismo. El juego termina cuando todos los participantes han encontrado el objeto.
Pierde quien se haya confundido de lugar o quien haya sido el último en encontrarlo.

Pareja de objetos

1. Uno de los jugadores tendrá que salir de la sala donde se realiza el juego. Los demás jugadores eligen dos objetos que se encuentren en la sala y que guarden una relación entre sí, por ejemplo un vaso de refresco y una pajita, un calcetín y un zapato, una linterna y unas pilas, etcétera.

2. Una vez elegidos los objetos, el jugador que se encontraba fuera podrá entrar y se sentará en la mesa, junto al grupo.

3. El jugador entrante realizará preguntas como: «¿Para qué sirven?», «¿De qué color son?», «¿En qué zona se encuentran?»... con el objetivo de adivinar y encontrar la pareja de objetos.

4. Todos los jugadores deberán participar en las respuestas. Cuando el jugador entrante haya adivinado la pareja de objetos, podrá levantarse de la mesa y empezar a buscar los objetos.

5. Si el jugador ha acertado los objetos con menos de 10 preguntas, tendrá derecho a dos pistas para encontrarlos. Si los ha acertado con más de 10 preguntas, solo podrá pedir una pista.

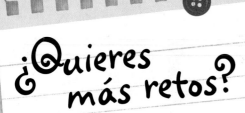